L27n
19792

L.n 19792.

LE COUP DE GRACE,

OU

DES FAITS APPUYÉS SUR LA VÉRITÉ;

EN RÉPONSE AU DERNIER ÉCRIT

DE DESGRAVIER,

SOI-DISANT MÉDECIN;

PAR

TRIGANT-GAUTIER.

A BORDEAUX,

DE L'IMPRIMERIE DE J. PELETINGEAS, RUE St-REMI, N.º 23.

AVRIL 1832.

LE COUP DE GRACE,

OU

DES FAITS APPUYÉS SUR LA VÉRITÉ,

EN RÉPONSE AU DERNIER ÉCRIT

DE DESGRAVIER, SOI-DISANT MÉDECIN;

PAR

TRIGANT-GAUTIER.

Pourqnoi regardes-tu le fêtu qui est dans l'œil de ton frère, et tu ne prends pas garde à la poutre qui est dans ton œil. Évangile selon St. Mathieu, chap. 7, verset 3.

La tâche que j'ai à remplir pour accabler mon adversaire sous le poids de la vérité, sera courte, facile et péremptoire. Je le flagellerai en courant; mais, avant que de commencer, je retranche de son écrit les mots *douloureusement, dégoûtante, flancs empoisonnés, entrailles corrompues, hideux, difformités horribles, impuretés, monstrueux, sceau de réprobation, périr, mort ignominieuse, conception honteuse, vérités terribles,* divagation d'imagination, barbouillage, malheureux, turpitude de l'âme, extravagant, esprit aliéné, misérable cerveau, fastidieuse imagination délirante, fou vagabond, excursions brusques et rapides, fanatisme religieux et politique, calomnie, ignoble profession de libelliste, torture de la presse, accoucher, calomniateur audacieux, honte, opprobre, tempêtes politiques, homme audacieux, astre malfaisant, brouillon, ordurier, patience héroïque, insolentes provocations, digue puissante, débordemens, schisme affligeant, effronté barbouilleur, queue en trompette, triste et misérable queue, organes magiques, déshonorante, pudeur, misérable, lèvres impures et mensongères, exhumer, dénonciation, corrompu, dénonciateur, rôle odieux, front audacieux, bonnet rouge, impudent, haute ignominie, extravagant, remords déchirans, fallacieux, songes trompeurs, profond avilissement, supplice, nullité accablante, silence du mépris, hypocrite, pleurs, gémissemens, horreur de la misère, accusateur, diffamation, imposture, jalousie profonde, vil grossier, absurdités, propre néant, sphère obscure et ténébreuse, vil impertinent, crasse honteuse, débile cerveau, la nature qui roule, horreur du vide, ni tête ni queue, taille gigantesque, saint-simonien, tous les préfets du royaume, salle de spectacle, sophismes misérables, violentes passions, perversité de goûts, noirceur de caractère, audace, pot de chambre, infronterie, extravagant insensé, objet inepte, accusasation, remords déchirans, médiocrité d'esprit, mé-

pris public, débile estomac, empoisonneur de cuisine, gigots de mouton, brebis, vaches, utopie ridicule, révolution, radicalisme, Bicêtre, Charenton, et une nuée d'autres de la même grandeur (1), dont notre érudit médecin a épuisé le dictionnaire. Cette réduction ne me laissera que peu de chose à examiner; car serait-il bienséant que, d'un ton boursoufflé, et avec des lieux communs de corps-de-garde, j'allasse, comme mon adversaire, armé de dix-sept grandes pages in-4.°, où je n'aurais employé que de grosses injures pour toutes raisons, faire rire de pitié mes lecteurs, finir comme lui par ne savoir ce que je dis, et être assez maladroit de forger des armes que le premier venu pourrait tourner contre moi; enfin être bête à force de vouloir être offensant. Ce n'est point ainsi que je comprends une polémique, sinon savante, du moins véridique. Je me bornerai donc aux plus graves de ses accusations, que je réfuterai avec calme, sous l'égide de la modération et de la vérité, marchant de conserve avec des faits incontestables........ J'entre en matière.

---

(1) Qui ne dira pas, après avoir lu cet échaffaudage de grands mots : voilà le style d'un charlatan, et par conséquent d'un mauvais écrivain ; car le charlatanisme ne fut jamais le type de rien de bon. Cependant deux pédans à Larochechalais, faiseurs d'embarras, grands discoureurs à tort et à travers, qui se carrent en prenant leurs vanteries pour des moyens, proclament les sottes injures de leur coryphée comme le *nec plus ultra* de la bonne diction. C'est merveilleux, sublime, impossible d'y répondre, disent-ils. Mais Voltaire n'a-t-il pas dit ?

« Le pédantisme est l'enseigne de l'ignorance ».

LA DÉNONCIATION.

« Je prie le lecteur de remarquer que les divisions
» qui affligeaient alors notre cité (1816) ne virent le
» jour qu'à une époque où je n'étais pas encore maire
» de cette commune, et que, quand j'en acceptai les
» fonctions, cette guerre de pamphlets à laquelle je
» fus forcé de prendre part dans l'intérêt de l'ordre et
» de la tranquillité publique, avait complètement
» cessé ».

RÉPONSE.

Il y a autant de mensonges que de mots dans cet exposé. Desgravier était maire dans les premiers jours d'Octobre 1815; il cessa ses fonctions à la fin de Juillet 1820 (1); ce fut en Juillet 1816 que commença la polémique qui existe entre nous, par un écrit *anonyme*, sans nom d'imprimeur, plein de fiel, de grossières injures et de calomnies atroces, qu'il envoya au préfet, avec des renseignemens officiels, dont fut suivie la dénonciation contre moi à tous les ministres, comme il est dit dans la lettre de M. Decazes à M. Frichou de la Treille, du 29 Août 1816, que j'ai imprimée dans ma dernière brochure. Et Desgravier ose publier qu'à son avènement aux fonctions de maire, les pamphlets avaient entièrement cessé. *Peut-on plus gauchement mentir ?*

---

(1) Voyez à la mairie les registres de l'état civil.

Il dit : on m'attaque toujours, et il est constamment l'agresseur. Le pays se rappelle cette brochure qu'il publia contre M. de Saint-Angel, l'homme le plus doux, le plus paisible, le plus inoffensif qui fût jamais, et qui ne lui disait rien, comme moi avant son débordement d'injures et de calomnies. Il accusait ce vieillard d'avoir tué son beau-frère, M. de Lafaye de Saint-Privat, en lui faisant prendre un remède dans la maladie dont il est mort, que lui-même et d'autres médecins avaient déclarée incurable. C'était une hydropisie de poitrine à sa dernière période.

M. de Saint-Angel, tuer son parent! Hélas! il aurait donné une partie de sa vie pour sauver celle de son ami, qu'il chérissait plus que lui-même. L'indignation publique en masse fit justice de cette mauvaise action. Pourquoi cette colère du médecin?.... Pourquoi?..... C'est qu'il avait été congédié, et qu'il est si avide d'argent, qu'il ne pardonne jamais s'il ne fait pas son profit de la dernière pulsation du pouls d'un mourant.

LES TITRES DES AVOCATS ET DES MÉDECINS.

« Je ne peux répondre que par des railleries aux
» diatribes ridicules de cet insensé; car, pour ce qui
» me regarde personnellement, je demanderai au lec-
» teur, et spécialement aux personnes de l'art qui me
» feront l'honneur de me lire, s'il est permis de répon-
» dre sérieusement, sans se déshonorer, à un homme
» qui est assez inepte et assez ignare pour croire qu'il
» y a deux espèces ou deux degrés de doctorats en

» médecine, et qu'il y a un prix différent pour chacun
» d'eux ».

RÉPONSE.

Il a déplacé la question pour me faire dire ce que je n'ai pas dit, afin de la résoudre plus facilement. Ramenons la vérité dans la discussion qu'il en écarte toujours. J'ai dit qu'il y avait des avocats à cent écus et des médecins à quatre cents francs. Voici comment je le prouve : lors de la dislocation des écoles de droit et de médecine, sous la république, où Desgravier a étudié six mois, les élèves se dispersèrent. Le gouvernement qui survint rétablit les écoles ; et pour faire les fonds nécessaires dans cet objet, il fit un appel sans choix à tous les étudians en droit et en médecine, en leur disant que moyennant 300 fr. pour les premiers et 400 fr. pour les seconds, il leur accorderait des diplômes. Tous les étudians, vrais ou supposés, accoururent pour se procurer des titres qui les affranchissaient de grandes dépenses et de travail. Mais voici la preuve irrécusable que Desgravier est dans la catégorie. Quand est-il venu dans le pays ? En 1801 (il exerçait avant), époque de son mariage avec M.lle Aubier (1). A quelle époque a-t-il été reçu (sans partir de chez lui)? Le 19 Août 1808 (2). Comment Des-

---

(1) Infortunée et trop généreuse Justine !....... Chut !....... laissons reposer en paix la cendre des morts, dans le silence des tombeaux !!!

(2) Voyez la liste générale imprimée des médecins, chirurgiens, officiers de santé, sages-femmes, pharmaciens, artistes vétérinaires, etc., publiée par M. le Préfet de la Dordogne, après examen de titres, le 24 Février 1830.

gravier, avec les beaux sentimens dont il se vante, a exercé pendant si long-temps sans autorisation, après six mois d'études ! La seule preuve qu'il pourrait donner que je suis dans l'erreur, serait la représentation de la thèse qu'il a soutenue (dont un élève ne se sépare jamais), qui a précédé sa nomination, ce qu'il est dans l'impossibilité de faire. Il a donc eu tort de m'insulter en me traitant d'insensé, d'inepte et d'ignorant. Ne puis-je pas avec raison lui renvoyer ses épithètes, afin qu'il se les applique en toute justice ?

On croira peut-être que la pratique lui a donné les talens dont il se vante. *Erreur !* Demandez à Valtaux de Balan, qui se cassa la jambe, s'il ne l'a pas estropié ? Demandez aux héritiers Chabosseau de Labarde, qui s'était cassé une cuisse, s'il n'est pas mort après avoir été touché par ce médecin ? Demandez à M. Trigant de Boisset s'il n'a pas estropié son fils, qui *boite bas* par la faute du bistouri mal dirigé de l'opérateur, que peut-être il ne fallait pas employer ? Demandez à Mr Gabriel Bouffard, s'il ne serait pas mort sans le secours d'un ami qui n'est pas médecin, qui l'arracha de ses mains ? Que lui faisait-il donc ? Il lui mettait le feu aux jambes, et le malade n'avait besoin que d'être évacué. Il est donc bien prouvé que Desgravier ne sait que fracturer. La réduction n'est pas son affaire. Pourtant on devait espérer plus d'habileté dans un homme qui étudie depuis plus de trente ans l'anatomie pratique sur les corps vivans. Comment, toutes les souffrances de ses victimes ne servent donc qu'à en faire de nouvelles?

Si de la chirurgie je passe à la médecine, que de désastres j'ai à raconter! Mais en réfléchissant que je réveillerais dans le sein des familles de cuisans chagrins, je garde le silence.

Si l'un des fils de cet empirique est médecin, il pourra lui dire :

« Viens, mon cher fils, l'honneur de ton vieux père,
» De mon talent sois l'unique héritier :
» Ah! pour mon nom quel avenir prospère!
   » Je ne mourrai pas tout entier.
» Je te remets ma lancette fidèle,
   » Mes malades te reviendront,
» Car tu auras toute ma clientelle..........
   » J'entends tous ceux qui resteront ».

Ne pourrait-on pas dire de lui ce que disait Molière d'un médecin de son espèce? « Voyez-le, disait-il, » débiter ses *balivernes* dans la chambre de son ma- » lade, en attendant que la nature le sauve ou que le » remède le tue ».

LE POIGNARD.

« Le sieur Trigant dit que je porte un poignard que » je montre à tout venant; je ne sais à quelle source il » a pris ces renseignemens, mais je sais qu'on lui en » fournit de très-inexacts, et qu'on l'a pleinement mys- » tifié sur ce point; car jamais une arme semblable n'a » été à ma disposition. Je ne craindrai pas de dire que

» je porte parfois des armes pour ma sûreté person-
» nelle ; mais il ne tient qu'au vil impertinent auquel
» je fais l'honneur de répondre, de savoir si je saurais
» m'en servir avec énergie pour repousser des agres-
» sions injustes et brutales ».

RÉPONSE.

Diable ! voilà une velléité de bravoure. Desgravier voudrait-il les honneurs du *bis* pour exercer son courage ? Ne se souvient-il plus du 25 Décembre 1830 ? Ne se souvient-il plus du café Moty ? Il me semble que la leçon qui lui fut donnée à cette époque était une belle occasion de signaler sa valeur.

Le poignard a été déposé sur la table du café et vu par vingt personnes.

L'ÉGLISE A DOUZE MILLE FRANCS.

L'écrit de Desgravier contient aussi le passage qui va suivre, rédigé par maître Bouton père. (Les guillemets qui le bordent l'annoncent du moins). Cela n'est pas étonnant, le génie est du domaine de toutes les classes ; ce qui est fâcheux pour le rédacteur, c'est qu'il est aussi menteur que son patron. Voici ce qu'il dit :

« Il est de notoriété publique que le sieur Trigant
» n'a pas avancé un seul centime pour la construction
» de notre église. Lorsqu'il fit cette entreprise, la com-
» mune souscrivit et réalisa une somme de 12,000 fr.;
» on les offrit au sieur Trigant qui les accepta, en di-

» sant : cette somme suffira pour atteindre le but que
» je me suis proposé, pourvu que la commune s'en-
» gage à faire démolir et transporter à ses frais les
» matériaux des bâtimens que j'ai achetés aux Plantes ».

RÉPONSE.

La commune ne fit aucune convention avec moi; au contraire, le conseil municipal fit tout ce qu'il put, aidé par le sous-préfet d'alors, pour me traverser dans mes travaux et empêcher cette construction. Tout le monde sait cela à Larochechalais.

Les souscriptions s'élevèrent à.......... 5,010^f »^{c}

La commune me compta de ses revenus ordinaires, long-temps après le commencement des travaux................. 5,463 10

Total, 10,473^f 10^c et non pas 12,000^f, ci............................ 10,473^f 10^c

L'église entièrement construite, fut livrée au culte le 5 Août 1810; l'évaluation de ce monument fut faite par des experts, respectivement nommés par la commune et moi; le résultat de ce procès-verbal d'expertise fut une évaluation de............... 28,316 87

Les deux sommes mentionnées à déduire ci-dessus........................ 10,473 10

Reste................. 17,843^f 77^c

Par délibération du conseil municipal, du 25 Février 1811, approuvée par le Préfet et le Gouvernement, ma créance fut définitivement fixée à 17,843 fr. 77 c. en capital. On me fit perdre l'intérêt de mes avances, du 6 Mai 1806, au 5 Août 1810.

Les à-comptes du payement ne commencèrent qu'au 15 Mai 1814 ; ils se suivirent de loin en loin ; la commune me devait encore 5,000 fr. en Juillet 1831, elle doit encore 1,500 fr., qu'il fallut arracher par un procès dont le résultat fut honteux pour les tristes meneurs qui étaient chargés alors des intérêts de la commune, qui lui coûta 600 fr. en pure perte. Tous ces faits sont consignés, mot pour mot, chiffre pour chiffre, sur les registres de la mairie. Preuves incontestables que Desgravier et son compère, qui fait si misérablement ses premières armes dans les combats de la presse (1), ne savaient que dire, en imprimant, que l'église ne devait coûter que 12,000 fr., que les souscriptions s'élevèrent à cette somme, et que je n'avais pas avancé un centime pour sa construction.

---

(1) Voilà une anecdote dont le sens moral pourra peut-être corriger maître Bouton de parler et de trancher sur tout, sans se douter que celui qui croit savoir tout ne sait rien. Voici l'anecdote : « Le peintre le plus célèbre de l'antiquité (Apelle) exposait ses ouvrages à la critique publique, et se cachait pour écouter ce que l'on en disait. Un jour qu'il avait exposé un tableau qui représentait le portrait en pied d'un prêtre, un savetier qui passait par-là, jetant ses regards sur le tableau, dit : Ces sandales n'ont pas de cordons : en effet, le peintre les avait oubliés. Il répara cet oubli et replaça le tableau à l'exposition. Le savetier, repassant par-là, fier et présomptueux de ce qu'on avait suivi son avis, se crut un peintre, et se mit à critiquer à tort et à travers le chef-d'œuvre du célèbre artiste. Apelle, sortant de sa cachette, lui dit :

» Savetier, renferme-toi dans ton métier ».

On pensera peut-être que des preuves aussi péremptoires de leur mauvaise foi, resteront sans réponse? Pas du tout : ils prouveront, par A plus B, que 2 et 2 ne font pas 4, et ils auront la bonhomie de croire que tout le monde le croira.

Parlerai-je de ce confessional et de ces portes mis en évidence? de ces petits moyens toujours employés par les *sots* qui ne savent rien dire de mieux. Je répondrai simplement que m'étant abstenu de paraître à cette expertise pour n'être pas accusé d'influencer les experts, je ne puis dire ce qui s'y est passé; mais ce qui est d'une légalité incontestable, c'est qu'il y a eu expertise contradictoire, que toutes parties ont dû s'y soumettre et s'y sont soumises. C'est la chose jugée qu'on attaque, ce qui n'est pas permis.

D'après ce qui précède, on voit clairement comment notre médecin tient sa parole de n'avancer jamais que les faits qu'il peut prouver. Au reste, qui ne sait pas qu'il est entaché du petit défaut d'altérer toujours la vérité? Ce n'est plus le concernant qu'une règle d'équation très-simple et qui ne gêne personne. Il a dit cela, donc c'est le contraire; et les travaux publics, mes projets en faveur de la prospérité de Larochechalais et de ses environs, qu'il critique avec tant d'ignorance, n'en iront pas moins leur train.

LA POLITIQUE.

Au lieu de repousser son attaque sur ce point et le bonnet rouge dont il me coiffe, je pourrais garder le silence, parce que l'opinion est une propriété de la conscience, qui ne relève que de Dieu, à laquelle les hommes n'ont pas le droit de toucher. Mais puisqu'il se place sur ce terrain, je vais l'y suivre et mettre en regard ma conduite avec la sienne.

Je suis en politique de l'école de 89 et de celle de 1830, sa sœur cadette, avec toutes leurs conséquences, sans avoir jamais fait parade de ces démonstrations intempestives qui tuent la cause qu'elles veulent soutenir. Je pense comme Louis XVIII, que la constance est la première vertu politique.

Et mon adversaire, de quelle école est-il ?...... De toutes celles qui ont surgi de la révolution : l'opinion de ce caméléon, l'opprobre de tous les partis, change à chaque événement politique, avec la promptitude d'une girouette agitée par les vents. Je gage qu'il approuve que les principes de Juillet et de la restauration soient représentés par chacun leur drapeau (*comme cela se pratique quelque part*). « Dans les dissensions » politiques (a dit un publiciste célèbre) les hommes » à deux visages sont les pires des hommes ».

Quoi qu'on dise, quoi qu'on fasse, le drapeau blanc restera dans la poussière ; il n'en sortira point comme celui que Béranger a si bien chanté. Les ennemis de la liberté ne se donneront pas le malin plaisir de promener en triomphe leur signe de ralliement, le coq gaulois pendu par le cou, lui servant de cravate. L'affranchissement et la régénération des peuples marchent, le despotisme ne les arrêtera pas. Qui sait ? si pour leur bonheur ils ne touchent pas au moment où les forces immortelles détruiront les forces matérielles : alors la pensée de l'homme régirait le monde et non plus son bras.

LA JALOUSIE PROFONDE.

Desgravier dit que je suis jaloux....... Et de quoi ? Jamais cette funeste maladie du cœur humain, qui souvent fait rire celui qui en est l'objet, en tourmentant cruellement celui qui en est atteint, n'a effleuré mon âme pour quelque cause que ce soit. On va voir une nouvelle preuve de son habitude d'accuser les autres des méfaits dont il se rend coupable. En voici la preuve, car je prouve tout. Je défie à l'esprit le plus subtil de dire que dans mes écrits je me sois écarté une seule fois de la vérité.

Desgravier voyait un malade (Guillion-de-Saint-Aigulin) avec M. Frichou-Hamilton, officier de santé. Celui-ci prenait toute la peine, passait des nuits entières auprès du malade, pansait toujours ses ulcères; on lui faisait quitter son lit à toutes les heures de la nuit, tandis que le docteur de contrebande sommeillait mollement dans le sien.

Après la mort du malade, Desgravier, comme à son ordinaire, se fit payer grassement. M. Frichou-Hamilton réclama aussi le fruit de ses peines et de ses soins; on le renvoya à un autre jour, et on lui dit que Desgravier avait trouvé qu'il demandait trop, qu'ainsi son mémoire devait être réduit de beaucoup. *Perfidie* odieuse du jaloux pour chasser M. Frichou de cette maison qui est riche, et lui faire une réputation d'exiger plus qu'on ne lui doit. De sorte que d'après les conseils généreux du vertueux et loyal médecin, ce jeune homme essuiera un procès. Cet exposé n'a pas besoin de commentaire ; il porte la pensée de l'homme de bien jusque dans les replis les plus cachés du cœur de celui que je peins d'une touche ineffaçable.

Pareille chose a été faite par le même à M. Formel-Cinbert, officier de santé à Larochechalais, chez l'adjoint au maire de la commune de Saint-Aigulin.

Réfuterai-je son article des élections municipales?... C'est inutile, puisque sa conduite peu honorable dans cette circonstance est connue de tout le monde.

Parlerai-je des éloges qu'il prodigue à deux individus que j'ai attaqués avec tant de raison dans ma dernière brochure? Ce serait encore sans objet, puisque le flagorneur verbeux n'a fait qu'une charge maladroite. Qu'en dis-tu, opinion publique?

En finissant, je dois dire à mon adversaire : vous qui condamnez le style des autres, sans discussion, avec tant de fiel et d'un ton si tranchant, ne feriez-vous pas bien de faire corriger le vôtre? Je vais prouver, sans que vous puissiez répliquer un mot, que celui que vous avez employé dans la rédaction de vos 17 pages *in-4.°*, est d'une pauvreté peu commune. L'examen des deux premières lignes dont l'ouvrage entier n'est que la triste et fastidieuse répétition, suffira pour fixer irrévocablement le jugement de nos lecteurs. Ils prononceront en connaissance de cause qui de nous deux est le *barbouilleur*, épithète dont vous me gratifiez avec tant de complaisance et si souvent dans votre critique en l'*air*, absolument dépourvue de *sel*, de *logique* et de *vérité*.

Ces deux lignes disent......... je copie :

« *Voilà encore une production dégoûtante, qui,*
» *après avoir agité douloureusement les flancs em-*
» *poisonnés du sieur Trigant-Gautier, vient enfin de*
» *sortir de ses entrailles corrompues* ».

Je croyais que les productions de l'esprit, bonnes ou mauvaises, partaient du cerveau : je me suis trompé, puisque notre savant, qui a fait de si profondes études sur le siége des facultés intellectuelles de l'homme, nous apprend que c'est des bas lieux qu'elles sortent à travers ses médecines. Celle que je décompose, aiguisée d'*assafétida* qu'il vient de mettre sous le nez du public, est si dégoûtante, que personne ne peut l'avaler. Elle donne des nausées à tout le monde.

Je pourrais citer plusieurs personnes d'un talent distingué, qui ont traité sévèrement, mais avec justice, l'œuvre mal digérée du présomptueux écrivain. Un docteur en médecine (qui n'exerce plus son art), après la lecture des premières lignes, jeta la brochure et ne voulut pas en savoir davantage.

Pauvre *écrivassier*, voyez comme vous êtes petit avec toutes vos prétentions au savoir. Votre réputation usurpée n'a d'autre fondement que le *charlatanisme*, la *basse flatterie*, le *mensonge* et l'*ignorance* de vos *prôneurs*. Votre mérite consiste à dire beaucoup d'injures pour toute raison, à discourir sans fin sur ce que vous ne connaissez pas, et à oser avancer des calomnies les moins vraisemblables. Votre basse polémique ne prouve-t-elle pas aux conceptions les plus ordinaires la médiocrité de votre esprit? La haine dont vous êtes saturé, ne fait que s'animer davantage par l'impossibilité où vous êtes de trouver sur quoi la fonder. Puis, le sentiment de votre propre injustice, n'est qu'un grief de plus contre celui qui en est l'objet.

Que voulez-vous? Rien ne peut arrêter la passion quand elle est déterminée à se venger ; elle ne considère point la qualité des moyens dont elle se sert : les plus indignes et les plus honteux ne le sont plus pour elle.

Je puis donc dire en toute vérité, à Desgravier, en justifiant le titre que j'ai choisi : mon coup de grâce vous frappera au cœur ; vous tomberez comme autrefois, mais vous ne vous relèverez plus. Mon triomphe sera peu de chose, sans doute ; car quel mérite y a-t-il de *pulvériser* un écrivain tel que vous? un menteur sans finesse, qui a pris pour devise ces paroles du philosophe de Fernay :

Mentez! mentez toujours! il en restera quelque chose.
Calomniez! calomniez! si la blessure guérit la cicatrice restera.

Je dirai enfin : Qu'a-t-il appris au séminaire, où il a fait ses études sous le costume de la soutane et du petit collet............ Rien!

Que la duplicité jésuitique
Qu'il sait si bien mettre en pratique.

N. B. Mon intention, en prenant la plume, était de donner en passant un *lardon* à l'Albigeois, à l'*escamoteur* POTEAU-BAC. Mais j'ai réfléchi qu'il lui fallait autre chose de plus sérieux. Ainsi, sur ma plainte, il sera l'objet d'une enquête judiciaire, présidée par l'indépendance et la publicité. Je suis curieux de comparer cette enquête avec l'*exiguïté faite exprès* de celle ordonnée par l'administration.

Allons ! allons ! dignes et honorables amis de Poteau-Bac, étouffeurs d'actions généreuses et patriotiques, en faveur de l'intrigue et de la mauvaise foi, mettez-vous en campagne ; tâchez encore de préserver votre ami du sort qu'à tant de titres il a si bien mérité.

QUESTIONS.

D'après les réglemens en usage pour l'adjudication des travaux publics, un ESCROC, pris dix fois publiquement la main dans le sac, peut-il être admis aux enchères ?

Un conseiller municipal qui parle beaucoup de sa probité, et qui critique souvent celle des autres, commissaire nommé par ses concitoyens pour surveiller des travaux adjugés pour leur compte, et qui s'est associé clandestinement avec l'adjudicataire, s'est-il conduit honorablement ?

Ce conseiller municipal, qui a trompé la religion de M. le Maire, en l'engageant, contrairement au cahier des charges, à laisser au profit de l'adjudicataire (son associé *secret*), les vieux bois qui proviendraient des démolitions de l'édifice à réparer, a-t-il fait là une œuvre méritoire ?

Un homme confiant (preuve qu'il est probre) se fie à notre conseiller municipal, pour le prix d'un parti de bois nécessaire à la construction dont il s'agit, qu'il vend à l'associé, sans le savoir, cet accordeur a-t-il de la délicatesse ?

Ces honorables associés qui ont trompé tout le monde, peuvent-ils, sans danger pour les intérêts qui leur furent confiés, conserver, l'un la confection des ouvrages, et l'autre les fonctions de surveillant, dont il abuse d'une manière si honteuse?

L'autorité administrative, les intéressés et les habitans de Larochechalais, sont priés de résoudre ces questions. En attendant, je proteste au nom de ma mère, partie intéressée dans cette affaire, contre toute entreprise des deux associés.

Quand je vois quatre personnages de Larochechalais se chuchotter à l'oreille, je me dis : quelqu'un va tomber dans leur nasse.

Quand on a une maison de verre, il ne faut pas jeter des pierres à son voisin.

TRIGANT-GAUTIER.

2
3.

www.ingramcontent.com/pod-product-compliance
Lightning Source LLC
Chambersburg PA
CBHW060920050426
42453CB00010B/1842